MÉTHODE KUHN.

PARIS. — TYPOGRAPHIE CHAUMONT, 6, RUE SAINT-SPIRE.

NOUVELLE MÉTHODE

D'ÉCRITURE

OU

ANALYSE RAISONNÉE

DES PRINCIPES DE L'ÉCRITURE EXPÉDIÉE
ET DES ÉLÉMENTS DE L'ÉCRITURE ANGLAISE,

PAR MME KUHN.

Écrire vite et bien.

PARIS
CHEZ L'AUTEUR,
4, rue Vivienne, et rue Neuve-des-Petits-Champs, 6,
Passage et Rotonde Colbert, escalier E, au premier.
1861

PRÉFACE.

Les exigences des administrations, les besoins du commerce ont fait une nécessité indispensable d'une belle écriture; elle double encore le charme de la correspondance; aussi chacun est-il à même d'apprécier l'avantage de transmettre ses pensées au papier d'une manière non-seulement lisible et correcte, mais encore agréable à l'œil.

Les résultats obtenus jusqu'à présent sont plus ou moins satisfaisants, parce qu'ils reposent sur des principes plus ou moins arrêtés. On peut même dire qu'en écriture, il nous manque encore une base fixe, généralement reconnue par tous, et qui, comme le mètre, fasse autorité au milieu des différents systèmes.

Que fait-on le plus souvent? On se contente de donner à l'élève un modèle de maître à copier. N'est-ce pas se borner à montrer le but sans indiquer le moyen d'y parvenir, et demander que l'un improvise en quelques séances ce qui a coûté à l'autre quinze ou vingt ans d'étude?

On commence donc par des difficultés, comme s'il suffisait d'habituer la main à former les figures des lettres.

Comment n'a-t-on pas encore fait une méthode pour l'écriture comme il y en a une pour le dessin, qui a la facilité des retouches; tandis qu'au contraire, dans l'écriture, c'est du premier jet qu'on obtient les beaux résultats? Mais, pour obtenir ce premier jet avec toute sa grâce et sa pureté, les mouvements toujours naturels de la main ne doivent-ils pas être raisonnés avec une certaine précision? Cette précision n'est possible qu'à la condition de distinguer d'une manière positive les différentes sortes d'écritures et les mouvements qui leur sont propres. Cette double distinction est tellement nécessaire, et la confusion à cet égard est si funeste, qu'il n'en a pas fallu davantage pour rendre inutiles les plus louables efforts et paralyser les résultats de bien des méthodes d'ailleurs recommandables à plus d'un titre.

Pour obvier à cette absence de principes, on a abusé du transparent. C'est là le seul moyen qu'on ait trouvé pour ramener la main rebelle dans la ligne droite; mais le transparent retiré, les mouvements irréguliers reparaissent avec plus d'énergie.

Nous ne saurions trop insister sur cette idée que notre méthode se justifie dans ses résultats, au moment surtout où l'on retire le transparent. En effet, cette méthode positive, ces règles fixes, en frappant d'abord l'esprit par leur simplicité. donnent aux mouvements de la main toute la précision désirable. Or, bien écrire, c'est savoir commander à ses mouvements au lieu de se laisser commander par eux.

Voici donc le plan de notre ouvrage.

Nous distinguons deux sortes d'écriture :

1° L'écriture simple, qui se compose de lignes droites;

2° L'écriture anglaise, proprement dite, avec ses diverses courbes.

De là, une série de mouvements simples et rectilignes qui donnent l'écriture vive; puis, la série des mouvements qui produisent les courbes les plus compliquées.

Nous insistons sur ce premier résultat, le seul qui, par les mouvements naturels, permette d'être à la fois rapide et correct.

L'écriture simple rapporte toutes les lettres à une seule et les encadre entre deux lignes parallèles avec une régularité qui amène nécessairement la précision.

L'écriture anglaise a la même base que l'écriture simple et l'ovale pour principe, ce qui fait que par un développement heureux, les deux genres partent pour ainsi dire d'une même unité. C'est également du même principe que nous tirons toutes les majuscules.

A la géométrie, nous avons demandé la régularité, la précision et l'égalité des intervalles, afin d'habituer l'œil à comparer les distances ; au dessin, nous empruntons la grâce des contours, et cet effet du plein et du délié que nous regrettons de ne pouvoir appeler la lumière et les ombres de l'écriture.

Dans la première, nous avons trouvé l'esquisse droite et nue sans laquelle l'écriture ne peut être correcte, ferme et vive.

Dans le second, nous avons trouvé la douceur et l'élégance des pleins et des déliés qui font, à si juste titre, de l'anglaise l'écriture par excellence.

Aprés avoir tiré d'un seul et même principe les vingt-cinq lettres de l'alphabet, si diverses en apparence, nous en avons formé un ensemble régulier où la symétrie du tout n'enlève rien à l'exactitude des détails.

Cette méthode, enfin, donne au dessin graphique l'unité de principe et la simplicité d'éléments qu'on trouve dans le dessin proprement dit.

Désormais une belle écriture à la fois correcte et rapide deviendra un fait réalisable pour tous dans un espace de temps peu considérable.

Cette méthode est, avant tout, une œuvre de conscience, et qu'on nous permette d'ajouter, de prédilection. Nous avons foi dans notre principe, et nous croyons remplir un devoir en le livrant à la publicité. Voilà notre excuse auprès de ceux qui nous accuseraient de témérité. Quinze années d'expérience l'ont couronné des plus heureux succès : c'est la meilleure garantie pour ceux qui, tenant moins au côté scientifique, apprécieront davantage le côté utile.

INTRODUCTION.

L'écriture est l'art par lequel nous transmettons nos pensées à l'aide de caractères de convention. Elle consiste en lettres également penchées et distancées entre deux lignes horizontales parallèles.

Lorsque la suite des lettres n'offre pas un ensemble régulier, l'écriture est défectueuse ; si, au contraire, on connaît bien les règles du mouvement qui donne la pente et l'écartement des lettres, ainsi que la ligne horizontale, la régularité de cet ensemble satisfera l'œil, cet organe si délicat qui exige que tout ce qu'il voit soit d'aplomb.

Une circonstance particulière qui n'a pas été assez observée a singulièrement contribué à multiplier les mauvaises écritures : c'est que le besoin d'écrire vite imprime aux mouvements de la main une direction rectiligne, tandis que l'écriture anglaise exige des contours plus ou moins arrondis, ce qui, naturellement, demande plus de temps et offre plus de difficultés, aucune ligne n'étant aussi simple que la ligne droite. Tout le monde a le désir et sent la nécessité d'écrire vivement; mais écrire vite et bien ne peut se faire par les mêmes règles que celles de l'écriture posée. De là dans l'esprit, une confusion qui suspend la main entre les mouvements complexes de l'écriture posée et les mouvements simples qu'exige la vivacité; de là, une raideur qui se produit dans les muscles aux dépens de la formation des lettres, et qui contribue surtout à rendre les écritures défectueuses.

Si donc nous voulons obtenir en écriture cette vivacité si précieuse, supprimons comme inutiles les courbes et les pleins, ces formes factices qui donnent du brillant à l'écriture, mais qui compliquent les mouvements, amènent les difficultés et la rendent moins expéditive.

N'avons-nous pas, lorsque nous voulons faire quelque chose vivement, cet admirable instinct de laisser de côté tout ce qui peut entraver notre marche?

Il nous restera une écriture simplifiée que nous appellerons écriture simple; elle conviendra parfaitement aux notes et aux compositions, puisqu'elle se borne à donner la lettre dans sa plus stricte simplicité. L'un des points essentiels de notre méthode est cette distinction entre les deux genres qui permet de donner à l'écriture toute la rapidité désirable. Distinguer les règles de l'écriture vive, en faire une science à part si utile dans la pratique, est ce que nous donnons comme un des résultats les plus précieux de notre méthode.

L'écriture simple ne demande que des mouvements simples. Nous les trouverons dans la flexion naturelle des doigts; aussi donnons-nous une position en harmonie avec ces mêmes mouvements. Ce principe, une fois bien compris, tout autre semble impossible.

On appréciera aisément combien il était nécessaire de commencer par cette série de mouvements rectilignes avant d'aborder la théorie en apparence, si complexe des diverses courbes de l'écriture anglaise proprement dite. Nous considérerons la première comme l'esquisse, et la seconde comme le dessin.

Cette préparation est, du reste, une conséquence naturelle de ce principe général que toute science a des préliminaires faciles à la portée des commençants.

Cette méthode se divise donc en deux parties :

1° L'écriture simple, c'est l'écriture réduite à sa plus simple expression, sans pleins, sans courbes;

2° L'écriture ovale, c'est l'écriture avec courbes qui, à l'aide du plein, forme l'anglaise proprement dite.

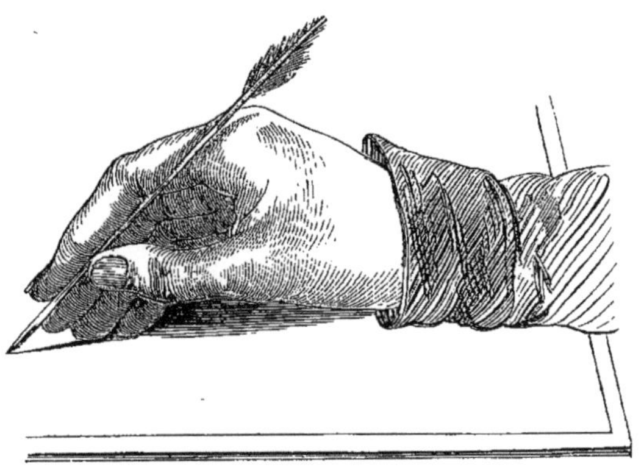

PREMIÈRE PARTIE.

ÉCRITURE SIMPLE.

Nous avons à l'étudier sous quatre points de vue.

1° La position ;
2° Les mouvements ;
3° Le principe ;
4° La formation des lettres.

LA POSITION.

Le corps doit être parallèle à la table et la toucher légèrement, en penchant un peu vers le côté gauche, pour ne pas gêner les mouvements du bras.

Le Cahier.

Le cahier doit être perpendiculaire au corps, afin que le bras suive naturellement la ligne horizontale.

Le côté gauche du cahier sera placé vis-à-vis de la hanche droite.

Du Bras gauche.

Le bras gauche doit être posé de manière à ce que l'index soit en face de la ligne que l'on commence et le pouce légèrement écarté; le papier se trouve ainsi maintenu en haut et en bas.

Du Bras droit.

Le bras droit sera parallèle au cahier et le milieu de l'avant-bras posé légèrement sur la table, afin de maintenir l'aplomb du poignet et de le laisser glisser sur la ligne horizontale dans toute son étendue.

Manière de tenir la Plume.

La plume doit être tenue entre le pouce et le doigt du milieu, au bord de l'ongle; l'index posé légèrement sans pression; le pouce à la première articulation de l'index et la plume appuyée sur le côté du médium; l'annulaire contre ce dernier, et le petit doigt contre l'annulaire. Ces quatre doigts ne doivent jamais être séparés l'un de l'autre. Le petit doigt et l'annulaire effleurent légèrement le papier et arrêtent la main lorsqu'elle est susceptible de tourner, ce qui nous ferait dévier de la ligne horizontale et manquer à la règle des deux parallèles.

Le poignet doit reposer sur la table légèrement rentré en

dedans, de telle sorte qu'il n'y ait qu'un faible espace entre la table et le côté du pouce.

Dans cette position, les doigts sont légèrement pliés et placés au centre de leurs mouvements, c'est-à-dire sur la ligne horizontale qui partage en deux parties égales l'étendue de leur flexion.

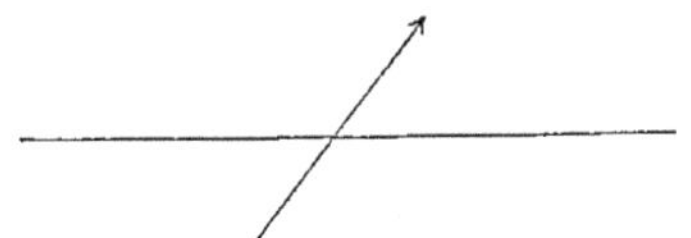

NOMS DES LIGNES.

Ligne horizontale

Lignes parallèles

Ligne oblique

DES MOUVEMENTS.

Nous distinguerons deux classes de mouvements :

1° Les mouvements des doigts et du bras, faits séparément, que nous appellerons ***mouvements simples;***

2° Les mouvements des doigts et du bras, faits en même temps, que nous nommerons ***mouvements composés.***

Mouvements simples.

1° Des doigts, il y en a deux : la flexion et l'extension ;

2° Du bras, dans le sens horizontal à droite ou à gauche.

Mouvements composés.

1° L'extension des doigts et du bras dans le sens horizontal à droite ;

2° L'extension des doigts et du bras dans le sens horizontal à gauche.

Mouvement du Bras.

Il consiste à pousser le bras vers la droite ou vers la gauche, en suivant la ligne horizontale.

Il faut avoir soin que le coude ne serve pas de pivot aux mouvements du bras.

FIGURE. poussez à droite ——→

←—— revenez à gauche.

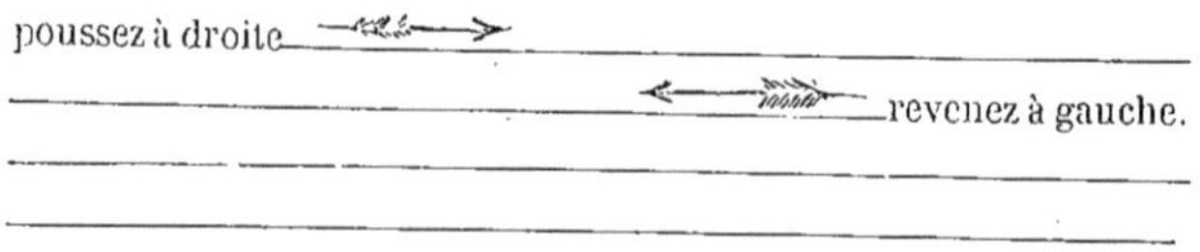

Cet exercice a pour but d'habituer l'élève à glisser le bras d'un point à un autre avec toute la légèreté nécessaire.

De la Flexion.

Elle se fait de haut en bas en pliant les doigts, observer surtout avec soin celle du pouce, qui, en serrant la plume outre mesure, empêcherait la flexion d'être égale.

(Pour le tracé des lignes, suivre l'ordre indiqué par les chiffres.)

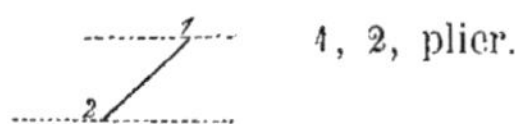

1, 2, plier.

De l'Extension.

Elle se fait en allongeant les doigts de bas en haut.

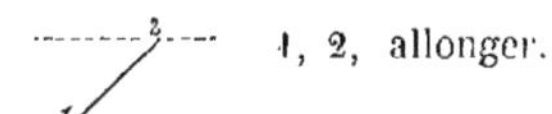

1, 2, allonger.

La flexion naturelle des doigts de haut en bas forme une ligne oblique qui est la pente exacte de l'écriture.

Exercice pour la Flexion et l'Extension.

Il a pour but d'habituer l'élève à plier et à allonger les doigts en régularisant le mouvement.

Repasser deux fois la plume dans le même trait de haut en bas et de bas en haut.

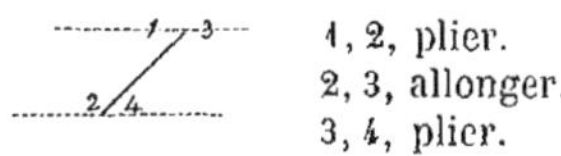

1, 2, plier.
2, 3, allonger.
3, 4, plier.

DU PARALLÉLOGRAMME.

Le parallélogramme est la base fondamentale de l'écriture, depuis la minuscule jusqu'à la majuscule ; il sert de guide

pour classer toutes les lettres entre-elles : c'est pour ainsi dire l'échelle de proportion de l'alphabet.

Cette figure renferme tous les mouvements simples que nous trouvons dans les premiers exercices.

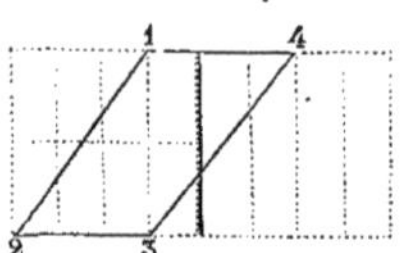

Pour faire le parallélogramme, tracer deux carrés parfaits divisés en quatre parties égales ; à la troisième partie, descendre dans l'angle inférieur à l'aide de la flexion **1**, **2**, mouvement horizontal à droite jusqu'à la troisième partie **2**, **3** ; monter à la deuxième partie supérieure du deuxième carré à l'aide de l'extension 3, 4, mouvement horizontal à gauche, 4, 1.

Afin d'habituer l'œil à comparer les distances, nous ferons observer que le mouvement horizontal doit être, pour l'écartement, de la moitié de la hauteur du parallèlogramme.

Pour obtenir une série de parallélogrammes, employer la flexion, l'extension et le mouvement du bras.

Dans la flexion et l'extension, observer rigoureusement la règle des parallèles et employer le mouvement du bras pour avancer sur la ligne horizontale.

1, 2, plier, 2, 3 pousser, 3, 4, allonger, et ainsi de suite.

Du Mouvement composé à droite.

Le mouvement composé à droite se fait en poussant le bras et en allongeant les doigts.

Observer qu'il ne faut pas employer le poignet au lieu du bras.

L'élève tracera une ligne de parallélogrammes et obtiendra la diagonale par le moyen du mouvement composé.

1, 2, pousser et allonger.
2, 3, flexion.
3, 4, pousser et allonger.

Du Mouvement composé à gauche.

Le mouvement composé à gauche se fait de la même manière que celui de droite, mais en sens inverse.

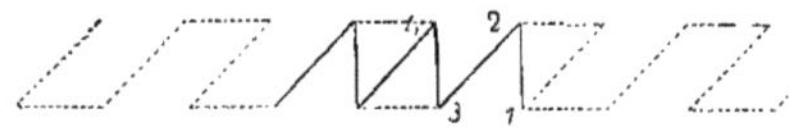

1, 2, pousser et allonger
2, 3, flexion.
3, 4, pousser et allonger.

Il faut bien comprendre toute l'importance du mouvement composé ; il sert à lier les lettres entre-elles, et c'est de ce mouvement que dépend l'observation de la ligne horizontale et de la règle des parallèles. Il est indispensable pour maintenir la pente et l'écartement des lettres, seul moyen d'éviter l'irrégularité dans l'écriture.

DU PRINCIPE.

Notre écriture a pour base fondamentale le parallélogramme, et pour principe élémentaire l'*i*, que nous retrouvons dans les vingt-cinq lettres de l'alphabet.

C'est donc par l'*i* que nous devons commencer.

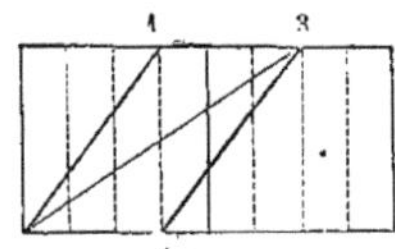

1, 2 donne la pente des lettres. La diagonale 2, 3, obtenue

par le mouvement composé, sera la liaison qui nous mettra en rapport avec la lettre suivante 3, 4.

i entre deux liaisons.

Le pointillé est le tracé du parallélogramme.

Les petites boucles que nous rencontrerons dans l'*o*, l'*r*, le *t* et l'*f*, nous les ferons à l'aide de petites flexions tournant légèrement sur elles-mêmes.

Nous ferons faire l'exercice suivant en employant le parallélogramme pour habituer l'œil aux égales distances.

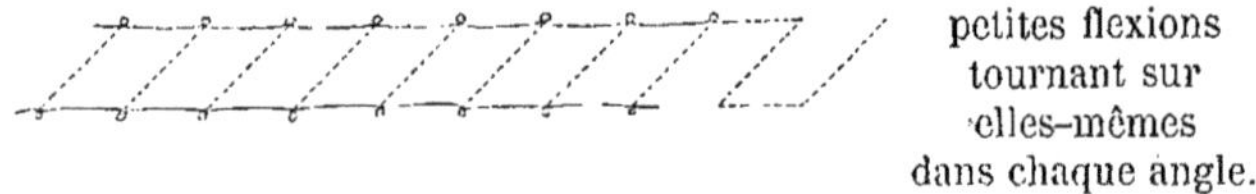

petites flexions tournant sur elles-mêmes dans chaque angle.

FORMATION DES LETTRES.

Nous classerons les lettres de l'alphabet par ordre de simplicité, devant les ramener toutes à un seul principe, notre *i* fondamental.

Les premières qui se présentent sont ***n***, ***m***, ***a***, ***e***, et ainsi de suite pour les vingt-cinq lettres.

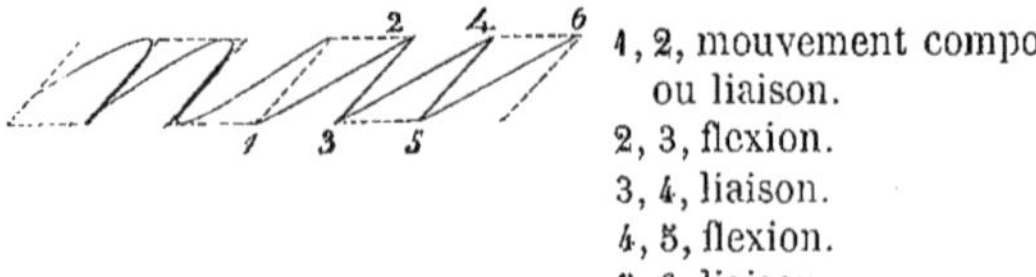

1, 2, mouvement composé ou liaison.
2, 3, flexion.
3, 4, liaison.
4, 5, flexion.
5, 6, liaison.

mêmes mouvements que pour l'*n*; trois flexions, quatre liaisons.

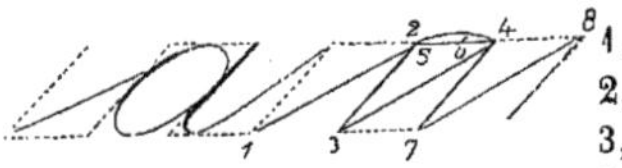

1, 2, mouvement composé.
2, 3, flexion.
3, 4, liaison.
4, 5, mouvement horizontal de droite à gauche.
5, 6, — — de gauche à droite.
6, 7, flexion.
7, 8, liaison.

1, 2, liaison traversant la moitié de l'*i* jusqu'à la moitié de l'intervalle.
2, 3, mouvement horizontal de droite à gauche.
3, 4, flexion.
4, 5, liaison.

NOTA. — S'arrêter dans le haut et dans le bas des lettres, attendu qu'à chaque angle le mouvement change. Le pointillé est le tracé du parallélogramme.

1, 2, liaison.
2, 3, mouvement horizontal de gauche à droite.
3, 4, — — de droite à gauche.
4, 5, flexion.
5, 6, liaison.

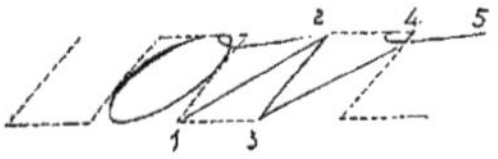

1, 2, liaison.
2, 3, flexion.
3, 4, liaison.
4, 5, boucle et mouvement horizontal.

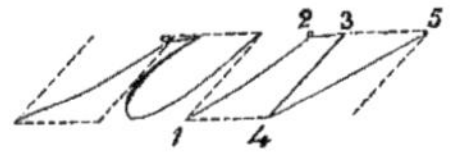

1, 2, liaison.
2, 3, boucle et mouvement horizontal.
3, 4, flexion.
4, 5, liaison.

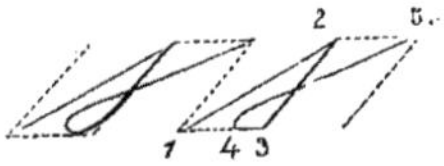

1, 2, liaison.
2, 3, flexion.
3, 4, mouvement horizontal de droite à gauche.
4, 5, liaison traversant la moitié de l'*i* jusqu'à l'angle suivant.

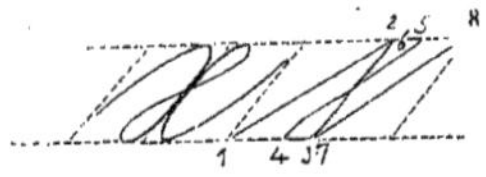

même mouvement que pour l'*s* et l'*e*.

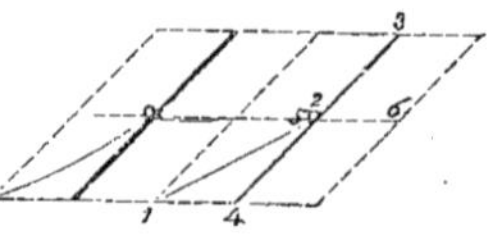

1, 2, liaison s'arrêtant à l'angle.
2, 3, remonter la hauteur d'un *i*.
3, 4, flexion de la hauteur de deux *i*.
4, 5, remonter à l'angle.
5, 6, boucle et mouvement horizontal.

1, 2, 3, 4, 5, 6, première partie de l'*a*.
6, 7, flexion de la hauteur de deux *i* et demi.
7, 8, remonter jusqu'à l'angle.
8, 9, liaison.

1, 2, 3, 4, 5, 6, première partie de l'*a*.
6, 7, remonter un *i* et demi.
7, 8, flexion de la hauteur de deux *i* et demi.
8, 9, liaison.

MOTS FACILES.

nanan main maison

monsieur montant

ramener ration tension

tentation quantième

quantité damasser

PRINCIPE DE LA BOUCLE.

Le parallélogramme va encore nous servir à la formation de la boucle.

L'élève tracera trois lignes de parallélogrammes superposés.

Cette figure donne en ligne brisée le principe de la boucle qui se trouve dans le *j*.

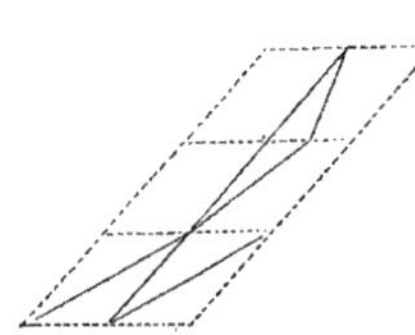

Cette figure donne en ligne brisée le principe de la boucle qui se trouve dans l'*l*.

NOTA. — Dans l'écriture fine, on obtient un effet plus gracieux en allongeant les boucles d'une demi-partie.

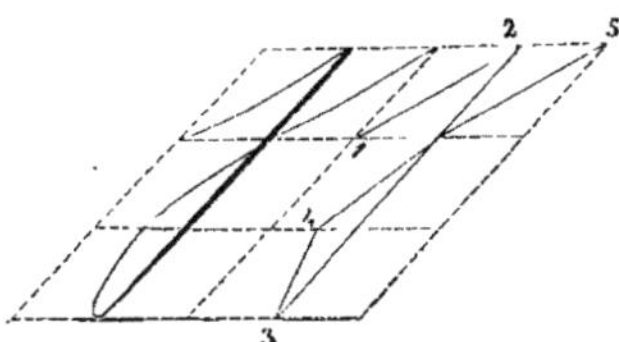

1, 2, liaison.
2, 3, flexion de la hauteur de trois *i*.
3, 4, mouvement composé à gauche.
4, 5, — — à droite, passant dans l'angle de la deuxième parallèle jusqu'à la première.

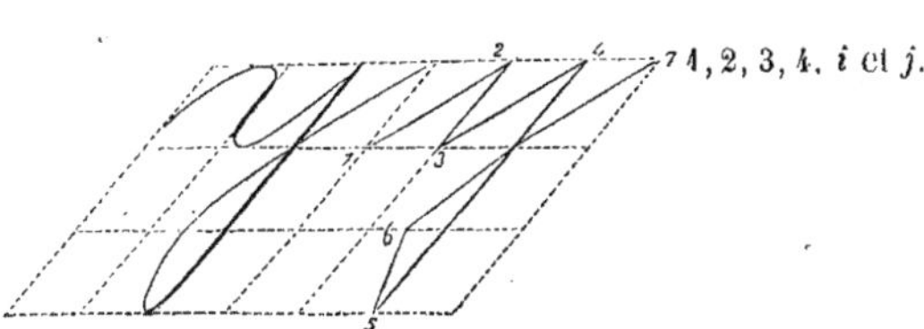

1, 2, 3, 4. *i* et *j*.

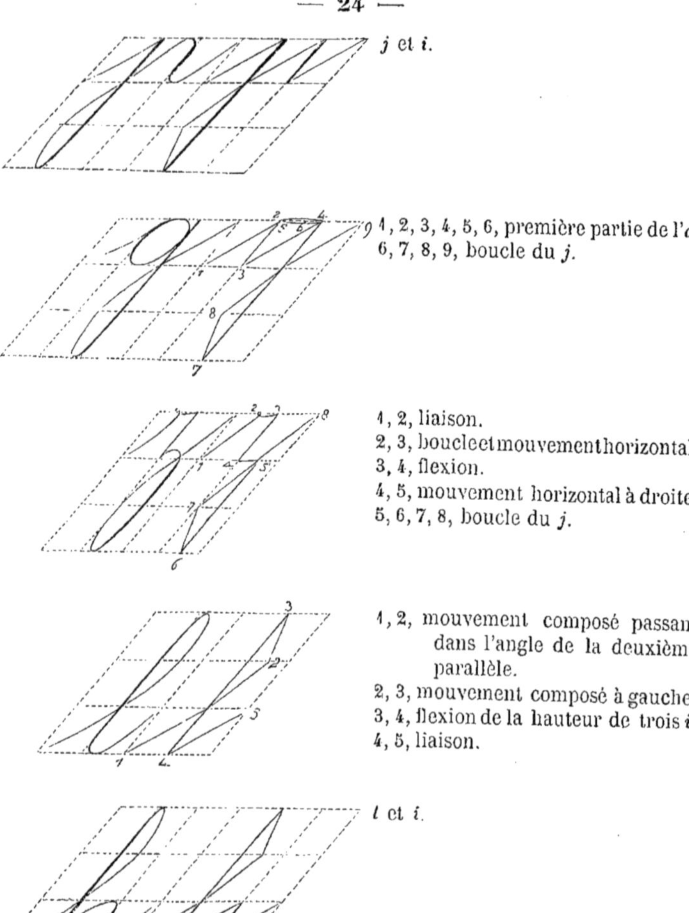

j et *i*.

1, 2, 3, 4, 5, 6, première partie de l'*a*.
6, 7, 8, 9, boucle du *j*.

1, 2, liaison.
2, 3, boucle et mouvement horizontal.
3, 4, flexion.
4, 5, mouvement horizontal à droite.
5, 6, 7, 8, boucle du *j*.

1, 2, mouvement composé passant dans l'angle de la deuxième parallèle.
2, 3, mouvement composé à gauche.
3, 4, flexion de la hauteur de trois *i*.
4, 5, liaison.

l et *i*.

l et *i* brisé à la moitié de sa hauteur.

l et boucle de l'*o*.

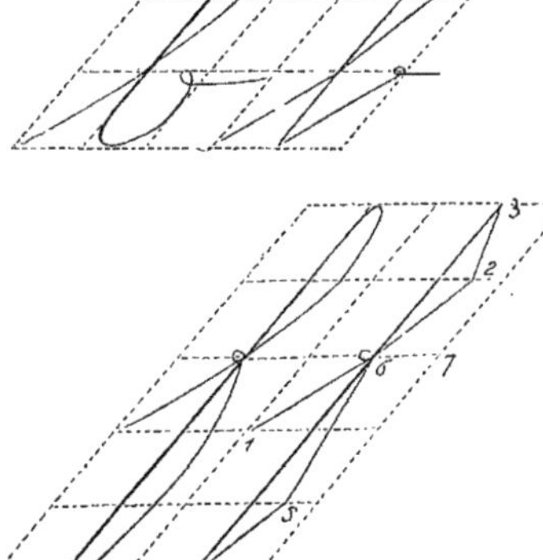

1, 2, 3, boucle de l'*l*.
3, 4, flexion de la hauteur de cinq *i*.
4, 5, mouvement composé à droite.
5, 6, — — à gauche.
6, 7, boucle à l'angle et mouvement horizontal.

Nous croyons devoir rappeler ici que cette écriture n'est que préparatoire; elle sert à familiariser l'élève avec la position, les mouvements et la formation des lettres.

MOTS FACILES.

jamaica jasmin yeux

pays propriété gaie

gauterie zest zig-zag

laiterie lady hache

hababi bahut fifre

famille flibustier

DU TRANSPARENT.

Après avoir formé toutes les lettres de l'alphabet, l'élève prendra un transparent dont les lignes obliques donnent la pente exacte de l'écriture, et les parallèles horizontales la hauteur des lettres. On peut même encore considérer ce transparent comme une ligne d'*i*, enfermées entre deux parallèles horizontales que l'élève aura bien soin de suivre, afin de s'habituer aux flexions et à la régularité des mouvements.

Guidé par la théorie, la pratique lui deviendra dès-lors plus facile.

Nous lui donnerons de petits mots choisis, en appliquant par gradation le principe de la méthode que nous avons indiqué. Puis, nous le ferons copier dans un livre, afin qu'il s'habitue à enchaîner les lettres de l'alphabet indistinctement pour en faire des mots.

Nous acceptons le transparent pour les enfants et les élèves peu avancés, mais il est complètement inutile pour les personnes instruites dont l'intelligence est plus que suffisante pour les guider ; elles acquièrent, au contraire, sans transparent, beaucoup plus de sûreté dans la main.

DE L'ALPHABET RÉGULATEUR.

Il ne faut pas craindre de répéter les exercices précédents. C'est la meilleure préparation pour arriver à supprimer le transparent que nous remplaçons maintenant par l'alphabet régulateur renfermé dans une ligne d'*i*.

Cet alphabet (voir la figure), ramène à une seule toutes les lettres liées entre-elles : c'est le guide indispensable qui rappelle notre principe et l'applique à toutes les formes avec une précision rigoureuse. L'élève s'apercevra bientôt que dévier de cette précision à la fois instinctive et mathématique, ce serait détruire toute l'harmonie de l'écriture; il devra donc, avant chaque leçon, tracer l'alphabet dans une ligne d'*i*. S'il s'écartait de son principe, il s'en apercevrait à l'instant et pourrait lui-même corriger ses défauts.

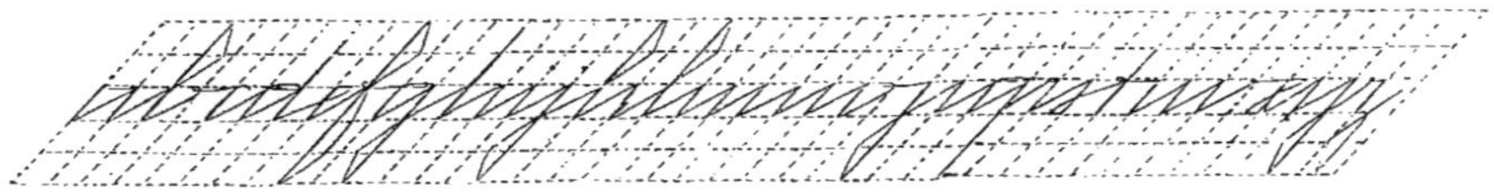

DEUXIÈME PARTIE.

DE L'OVALE.

Dans l'ovale, nous trouvons le gracieux et le fini des contours qu'exige l'écriture anglaise. C'est l'adoucissement des angles de l'écriture simple.

L'ovale est composé de grandes et de petites courbes qui doivent être mises rigoureusement à leur place, afin de ne pas déranger l'équilibre de l'écriture. Il faut donc apprendre par quels points du parallélogramme passent les courbes, afin de se rendre un compte exact de l'ovale et des lignes qui le composent.

PRINCIPE DE LA COURBE.

Les courbes qui adoucissent les angles se font à l'aide du mouvement composé et de la flexion à droite et à gauche, ainsi que nous allons le démontrer.

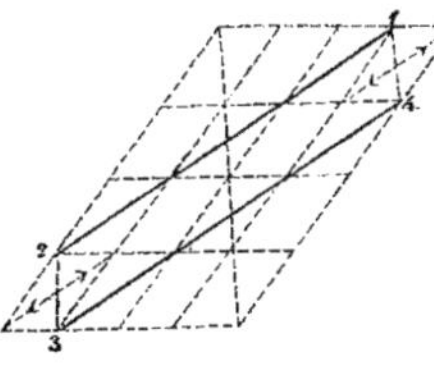

Parallélogramme générateur de l'ovale divisé en quatre parties.
1, 2, mouvement composé à gauche.
2, 3, flexion à droite.
3, 4, mouvement composé à droite.
4, 5, extension à gauche.

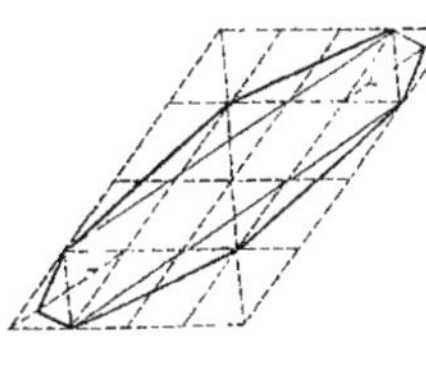

Ovale décomposé.

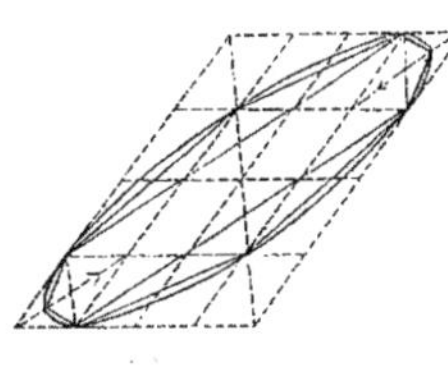

Dans l'ovale que nous venons de tracer, nous trouvons quatre courbes, deux grandes et deux petites.

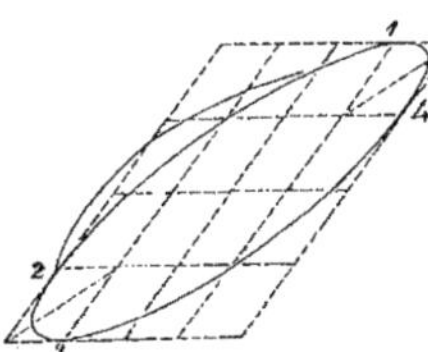

1, 2, grande courbe.
2, 3, petite courbe.
3, 4, grande courbe.
4, 1, petite courbe.

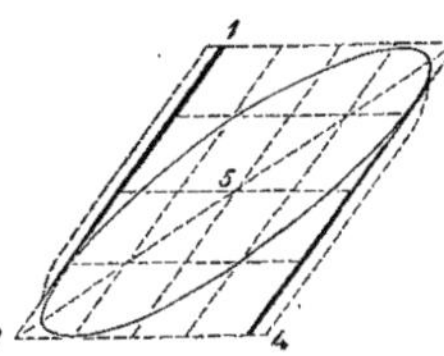

1, 2, *i* et petite courbe.
3, 4, petite courbe et première partie de l'*n*.
5, ovale.
Le pointillé 1, 2, et 3, 4, indique le plein.

Par la disposition des pleins, observer que cette figure résume le principe des deux genres d'écriture.

Les deux grandes courbes prennent trois parties du parallélogramme aux angles obtus **1**, **2**, **3**, **4**, et les deux petites n'en prennent qu'une aux angles aigus **2**, **3**, **4**, **1**.

Les courbes adoucissent les angles de l'écriture simple et donnent à chaque lettre une forme caractéristique.

Ainsi :

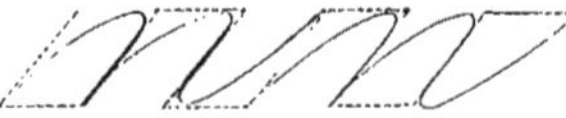

L'*n* contient deux grandes et deux petites courbes dans les angles du haut, et une petite courbe dans l'angle du bas.

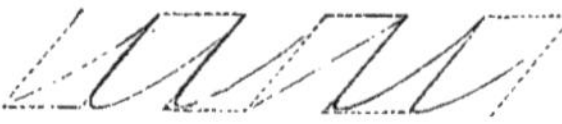

Dans l'*u*, au contraire, nous trouvons deux petites courbes et deux grandes dans les angles du bas.

L'élève, pour s'habituer aux grandes et aux petites courbes qui composent l'ovale, fera une ligne d'*i*.

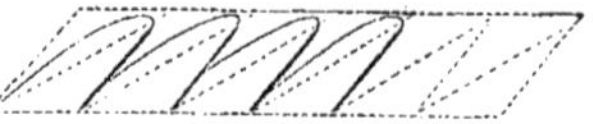

Sur la première liaison du haut, tracer une grande courbe, adoucir l'angle supérieur avec une petite courbe.

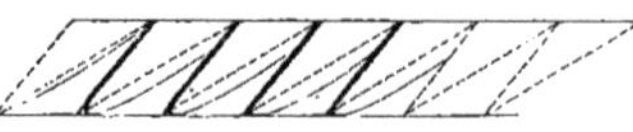

A l'angle du bas du premier *i*, tracer une petite courbe aiguë, grande courbe jusqu'à l'angle supérieur, descendre l'*i*, petite courbe et liaison.

Emploi de la ligne d'*i* dans le cas où la lettre exige une courbe aiguë du bas et que la lettre qui succède commence par une courbe du haut.

Par exemple, la liaison qui joint deux *nn* consécutifs.

Il importe d'abord de se faire une idée exacte de la nature de cette liaison, qui appartient à deux ovales différents, à celui de gauche par la partie concave inférieure, à celui de droite par la partie convexe supérieure, ces deux parties se soudant au point central de la diagonale.

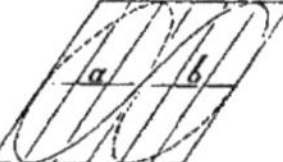

Soit donc un parallélogramme divisé en six parties au lieu de quatre, on voit comment cette figure présente les éléments de deux ovales, *a*, *b*, et comment ces deux ovales se soudent par la liaison en question.

Faire la liaison sinueuse dans une ligne d'*i* formant des parallélogrammes partagés en six parties.

FORMATION DES LETTRES OVALES.

Nous commençons par la première partie des lettres de l'écriture simple.

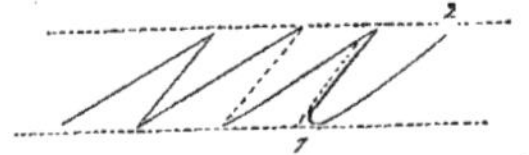

1, 2, petite courbe et liaison.

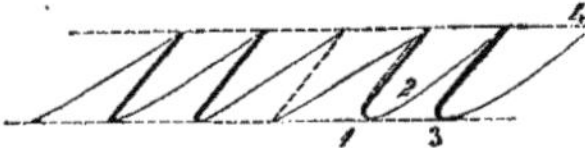

1, 3, petites courbes à la partie inférieure.
2, 4, grande courbe et liaison.

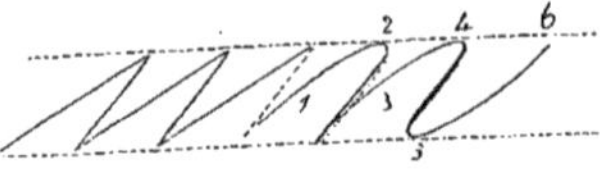

1, 3, grandes courbes à la partie supérieure.
2, 4, petites courbes à la partie supérieure.
5, petite courbe à la partie inférieure.
6, liaison.

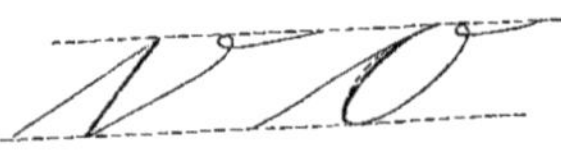

Trois grandes et trois petites courbes à la partie supérieure; une petite courbe à la partie inférieure, et liaison.

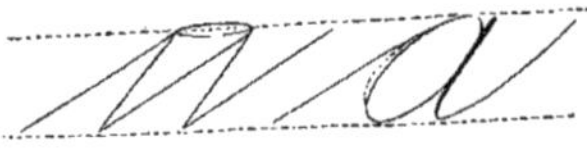

L'*o* est l'ovale fermé par une petite boucle allant rejoindre la lettre suivante.

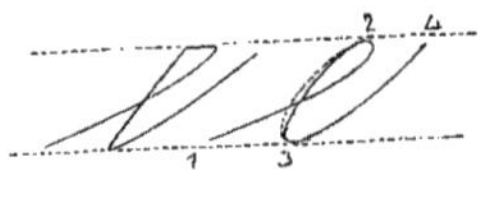

Ovale rentrant dans la première partie *i*; petite courbe et liaison.

Une grande courbe, demi-ovale et liaison.

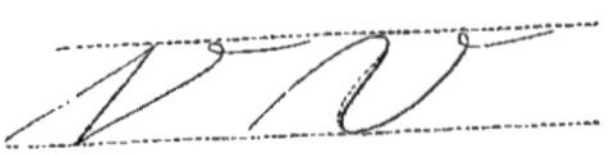

Le *c* commence par un point demi-ovale et liaison.

Deux grandes courbes et deux petites, boucle à l'angle supérieur et liaison horizontale.

NOTA. — Le pointillé indique le plein.

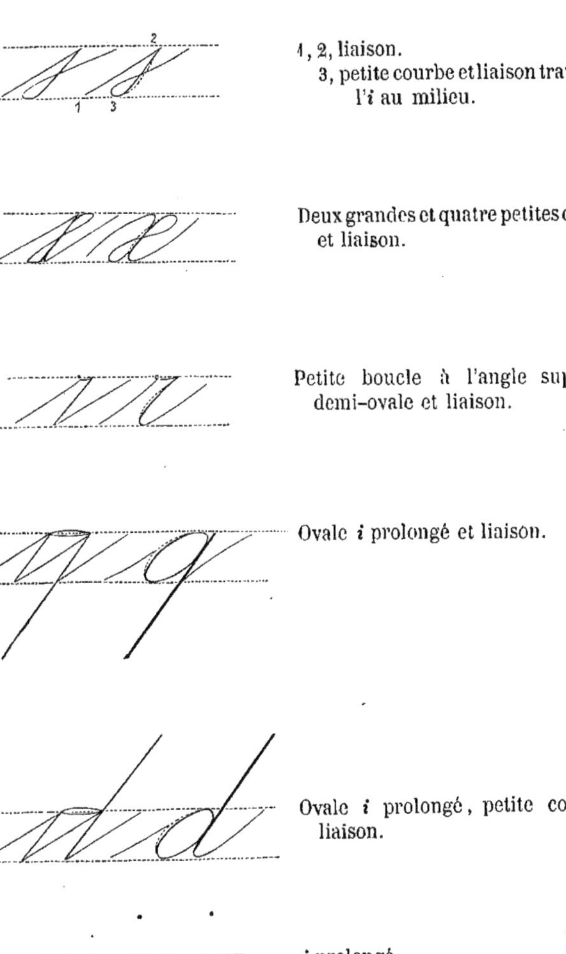

1, 2, liaison.
3, petite courbe et liaison traversant l'*i* au milieu.

Deux grandes et quatre petites courbes et liaison.

Petite boucle à l'angle supérieur, demi-ovale et liaison.

Ovale *i* prolongé et liaison.

Ovale *i* prolongé, petite courbe et liaison.

i prolongé.
1, petite courbe.
2, grande courbe revenant à l'angle.

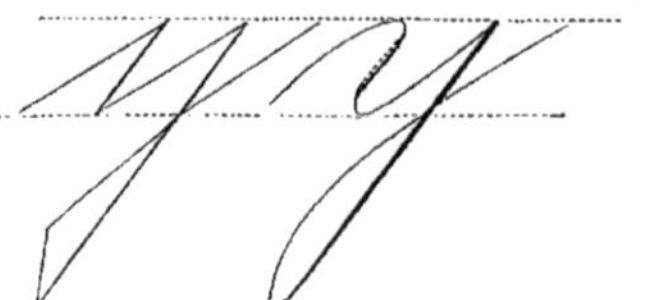

Deux petites et deux grandes courbes, boucle du *j*.

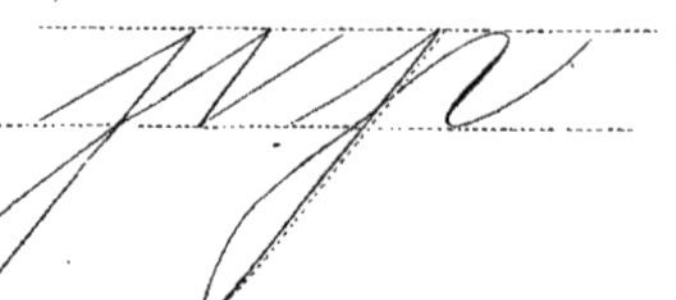

j, grande courbe et deux petites.

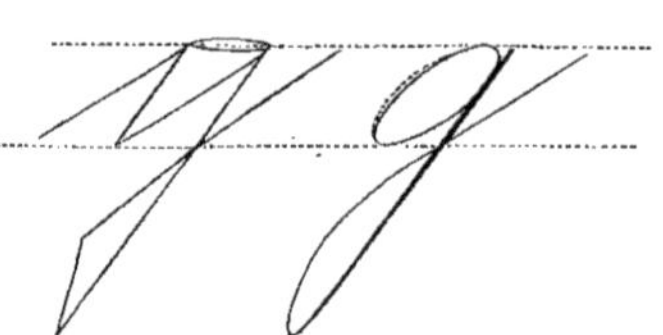

Ovale, boucle du *j*.

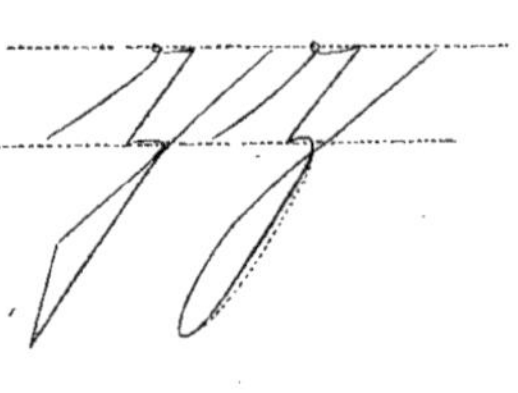

r, petite courbe à droite et boucle du *j*.

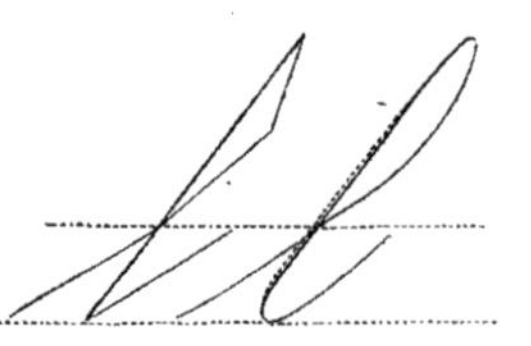

Grande courbe, petite courbe à la partie supérieure, *i* prolongé, petite courbe et liaison.

l, grande courbe et deux petites.

l, *i* brisé.

l, *i* prolongés, petite courbe à la partie inférieure, grande courbe à droite formant l'angle supérieur par une petite boucle.

EXERCICE AU TRANSPARENT.

Nous reprenons le transparent comme à la suite des lettres simples, afin que l'esprit de l'élève ne soit pas occupé de trop de choses à la fois.

Nous lui donnerons de petits mots choisis, afin de lui faciliter l'application du principe.

DES PLEINS.

Le mouvement de bas en haut est l'origine du délié ; la pression du haut en bas amène le plein. Ces deux éléments distincts produits par la conformation naturelle de la main ont, en outre, une importance remarquable pour l'œil, qu'une suite de lignes invariablement fines ou grosses affecterait d'une manière désagréable. Il est donc indispensable de mettre les liaisons et les pleins rigoureusement à leur place, afin d'obtenir cette grâce et cette élégance qu'exige l'anglaise.

On obtient le plein par la pression de la main sur le papier, qui produit l'écartement des deux becs de la plume.

Pour habituer la main au jeu des deux becs de la plume dans le tracé des pleins, on aura soin de commencer la pression à la troisième partie de la hauteur de la lettre, d'augmenter progressivement jusqu'à la moitié, puis de diminuer graduellement à partir de la troisième partie inférieure.

On évitera toute pression dans les petites courbes, car le plein ne doit pas sortir de la ligne droite : l'inobservation de cette règle donnerait à l'écriture une lourdeur désagréable.

EXERCICE.

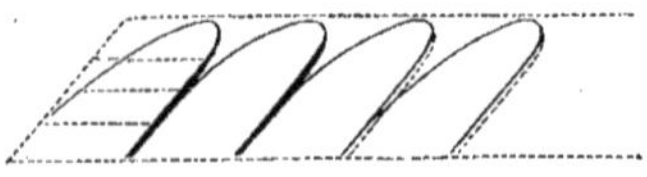

minuit midi

quantité gaie

lampe fume

DES MAJUSCULES.

Le parallélogramme sert aussi de base fondamentale à la majuscule. La différence consiste en ce que l'ovale est construit sur une plus grande échelle, et que les lettres sont isolées les unes des autres.

Outre l'ovale qui se tire immédiatement du parallélogramme, comme nous l'avons vu pour les minuscules, on emploie encore la ***spirale***, la ***sinueuse*** et la ***mixte***, éléments que nous retrouvons dans les parties décomposées de l'ovale.

Nous observerons que toutes les courbes qui se trouvent dans les majuscules sont la première partie de l'ovale parfait retracé par l'imagination.

De la Spirale.

La spirale, ou plutôt l'ovale en spirale, ne s'emploie que comme exercice. Il est facile d'y reconnaître les éléments des courbes rentrant en elles-mêmes, que nous nommerons ***courbes rentrées***, et des courbes tournant sur elles-mêmes que nous nommerons ***courbes développées***.

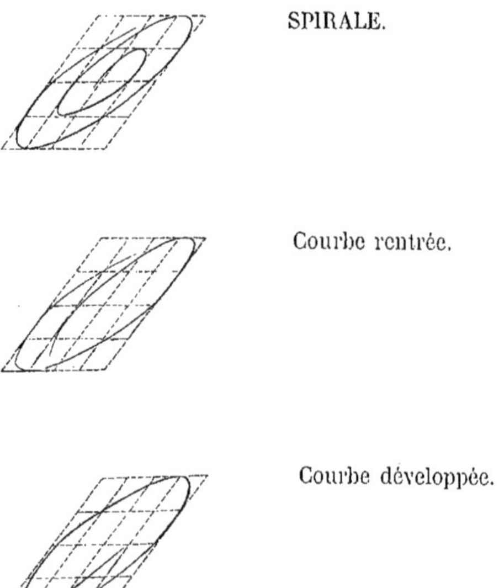

SPIRALE.

Courbe rentrée.

Courbe développée.

NOTA. — La courbe développée se fait en sens inverse de la courbe rentrée.

De la Sinueuse.

La sinueuse est une courbe dont les extrémités ne sont pas dirigées dans le même sens.

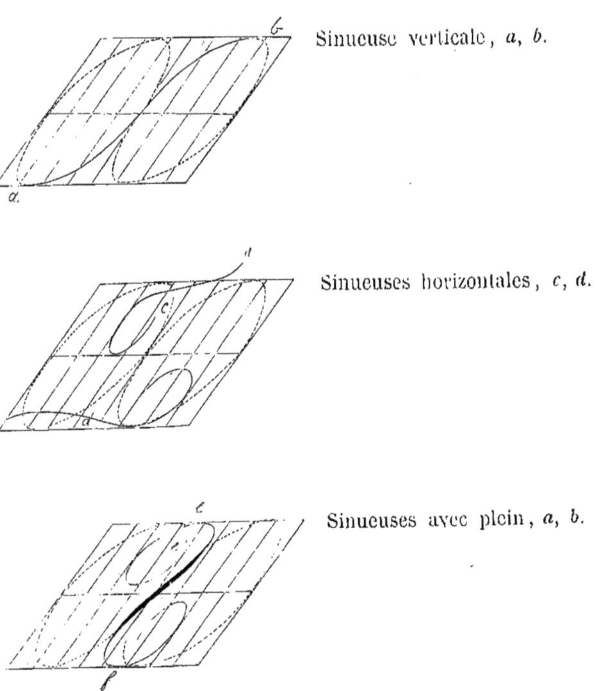

Sinueuse verticale, *a*, *b*.

Sinueuses horizontales, *c*, *d*.

Sinueuses avec plein, *a*, *b*.

De la Mixte.

La mixte est une ligne qui a une partie droite entre deux courbes *a*, *b*.

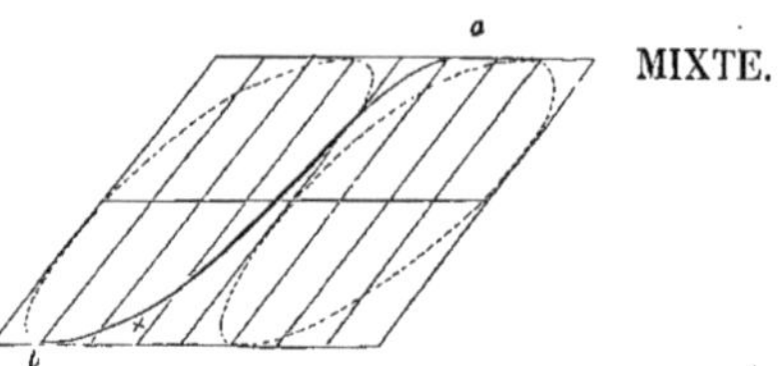

Observer avec la plus grande attention les points du parallélogramme qui servent à la construction de ces différentes courbes. Multiplier les exercices qui peuvent former la main à cet égard.

Courbes rentrées.

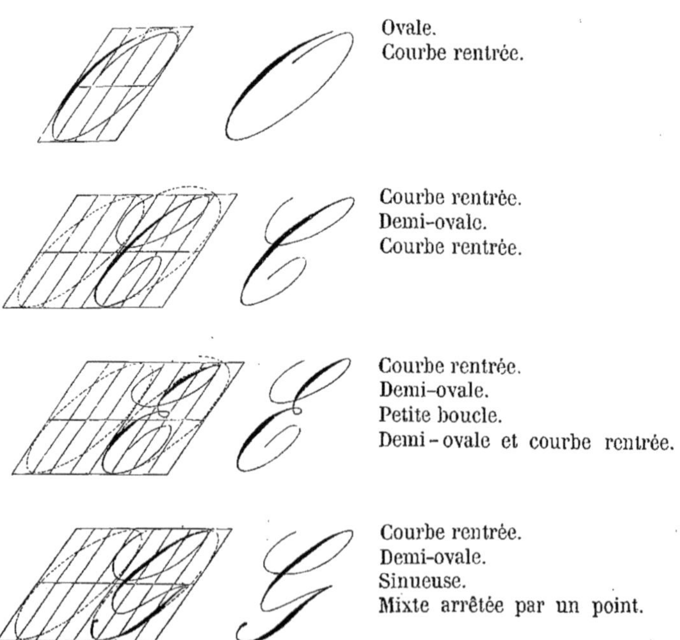

Courbes développées.

Mixte terminée par un point.
Courbe developpée.

Mixte et point.
Courbe développée.
Petite boucle en ovale.
Courbe rentrée.

Mixte et point.
Courbe développée.
Petite boucle en ovale.
Mixte et courbe rentrée.

Sinueuses horizontales.

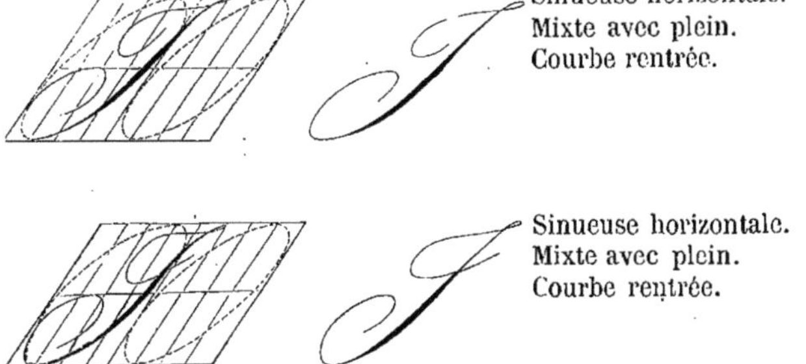

Sinueuse horizontale.
Mixte avec plein.
Courbe rentrée.

Sinueuse horizontale.
Mixte avec plein.
Courbe rentrée.

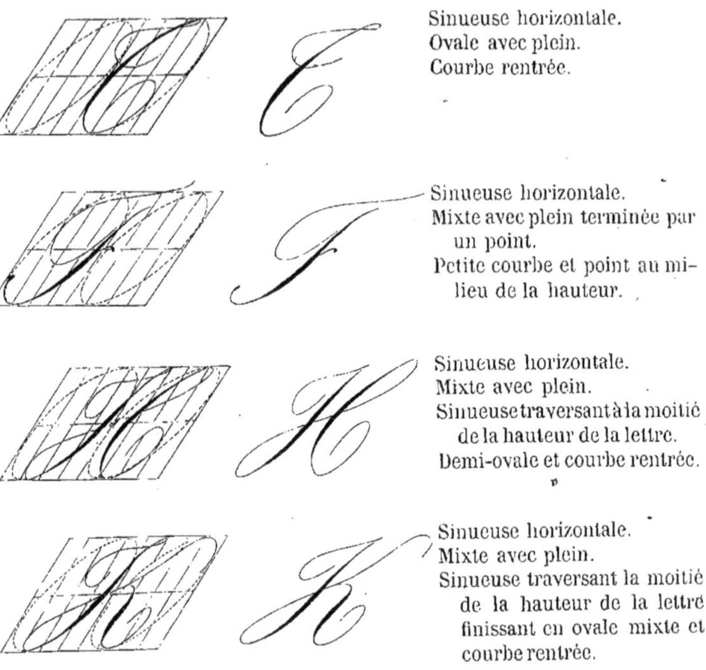

Sinueuse horizontale.
Ovale avec plein.
Courbe rentrée.

Sinueuse horizontale.
Mixte avec plein terminée par un point.
Petite courbe et point au milieu de la hauteur.

Sinueuse horizontale.
Mixte avec plein.
Sinueuse traversant à la moitié de la hauteur de la lettre.
Demi-ovale et courbe rentrée.

Sinueuse horizontale.
Mixte avec plein.
Sinueuse traversant la moitié de la hauteur de la lettre finissant en ovale mixte et courbe rentrée.

Sinueuses verticales.

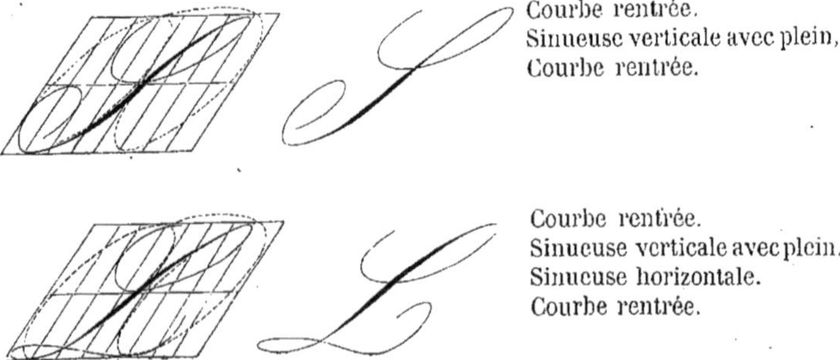

Courbe rentrée.
Sinueuse verticale avec plein,
Courbe rentrée.

Courbe rentrée.
Sinueuse verticale avec plein.
Sinueuse horizontale.
Courbe rentrée.

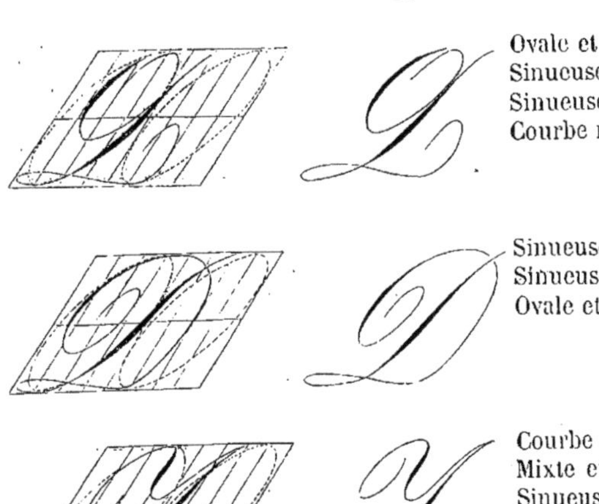

Ovale et courbe rentrée.
Sinueuse verticale avec plein.
Sinueuse horizontale.
Courbe rentrée.

Sinueuse verticale avec plein.
Sinueuse horizontale.
Ovale et courbe rentrée.

Courbe développée.
Mixte et sinueuse.
Sinueuse verticale avec plein.
Sinueuse horizontale.
Courbe rentrée.

Sinueuses avec plein.

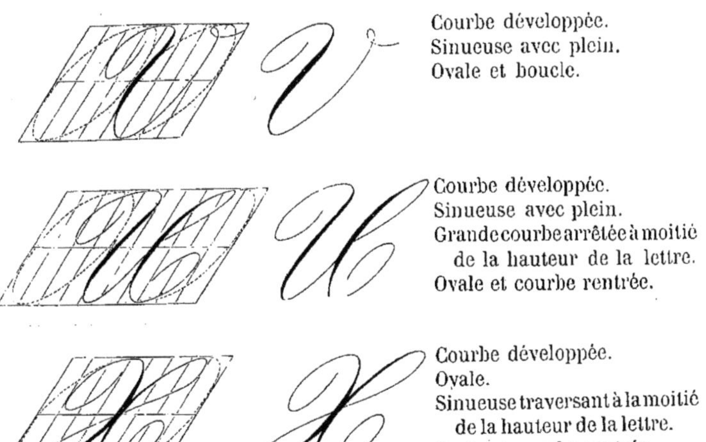

Courbe développée.
Sinueuse avec plein.
Ovale et boucle.

Courbe développée.
Sinueuse avec plein.
Grande courbe arrêtée à moitié de la hauteur de la lettre.
Ovale et courbe rentrée.

Courbe développée.
Ovale.
Sinueuse traversant à la moitié de la hauteur de la lettre.
Ovale et courbe rentrée.

Courbe développée.
Mixte et courbe.
Sinueuse sans plein.
Courbe développée.
Mixte et courbe rentrée

Sinueuse verticale.

Sinueuse.
Mixte avec plein.
Courbe rentrée.

Sinueuse.
Mixte avec plein.
Sinueuse terminée en ovale.

Sinueuse.
Mixte avec plein.
Sinueuse.
Mixte avec plein.
Courbe rentrée.

Courbe développée.
Mixte avec plein.
Sinueuse.
Mixte avec plein.
Sinueuse.
Mixte avec plein.
Sinueuse terminée en ovale.

DE L'EFFET DU MORAL SUR L'ÉCRITURE.

Il arrive souvent qu'il y a de la raideur dans le bras et dans la main de l'élève. Cela est facile à comprendre : l'élève change de genre d'écriture; il rencontre d'autres formes, d'autres mouvements, en un mot, une autre manière de faire; il se fait un fantôme des difficultés à surmonter et de la peine qu'il aura à les vaincre. Les figures qu'il trace ne lui paraissent pas aussi belles que celles que lui représente sa pensée. Son imagination se monte, ses muscles se raidissent, il serre la plume entre ses doigts, et n'étant plus maître de ses mouvements, c'est l'action nerveuse qui le fait agir.

Pour revenir à l'état naturel, isolez l'imagination en fermant les yeux; vous agirez alors librement et sans secousses nerveuses; votre pensée vous retracera d'une manière exacte les formes telles qu'on vous les enseigne, et désormais, guidé par la volonté seule, vous deviendrez maître de vos mouvements.

Ecriture Simple.

L'éternel est son nom, le monde est son ouvrage,
Il entend les soupirs de l'humble qu'on outrage,
Juge tous les mortels avec d'égales lois
Et du haut de son trône interroge les rois.

Ecriture avec pleins.

Au seul son de sa voix, la mer fuit, le ciel tremble,
Il voit comme un néant tout l'univers ensemble,
Et les faibles mortels, vains jouets du trépas,
Sont tous devant ses yeux comme s'ils n'étaient pas.

abcdefghijklmnopqrstuvxyz

Imp. Houvetr, r. Mignon, 5, Paris.

TABLE
DES MATIÈRES.

DEUXIÈME PARTIE.

FIN.

PARIS. — TYPOGRAPHIE CHAUMONT, 6, RUE SAINT-SPIRE.

www.ingramcontent.com/pod-product-compliance
Ingram Content Group UK Ltd.
Pitfield, Milton Keynes, MK11 3LW, UK
UKHW022137170726
13837UKWH00004B/1621